CREATIONS FLORALES

COMPOSITIONS FLORALES
Techniques de base

CREATIONS FLORALES

Bodo Schröder

COMPOSITIONS FLORALES
Techniques de base

OASIS®
FLORAL PRODUCTS

Compositions florales: Techniques de base / Bodo Schröder. - Wiesbaden:
Englisch, 1993
(Creations florales)
ISBN 3-8241-0538-1

ISBN 3-8241-0538-1

 Les auteurs ont soigneusement étudié les conseils fournis dans le présent document. Leur description ne peut en aucun cas revêtir un aspect contractuel. Les auteurs, l'éditeur et ses fondés de pouvoir excluent toute responsabilité pour d'éventuels dommages corporels et matériels.

Reproductions:
Les arrangements et les instructions figurant en pages 22-23, 44-45, 48-51 ont été conçus par Olaf Schrörs.
Les illustrations des pages 18-21, 24-43, 46-47, 52-64 ont été imprimées avec l'aimable autorisation de la société SMITHERS-OASIS, Grünstadt.

Sommaire

Avant-propos

Le présent ouvrage est le premier de la série CREATIONS FLORALES et doit constituer un manuel de référence pour l'ensemble des autres volumes consacrés à ce sujet.

Les auteurs exposent diverses techniques florales destinées à vous aider dans la confection et la reproduction d'arrangements lumineux et accueillants.

Que vous souhaitiez réaliser des compositions de fleurs fraîches ou de fleurs séchées, des couronnes suspendues ou des décorations de table pour diverses occasions, vous trouverez dans ce manuel de nombreuses sources d'inspiration, des instructions et des explications illustrées par l'image.

Le matériel

Les matériaux et les accessoires

L'illustration ci-dessus présente le matériel et les outils de base nécessaires à la réalisation de compositions florales. La qualité de ces produits a été confirmée par des professionnels. Vous disposez ainsi d'excellentes conditions pour réussir vos créations florales.

Les blocs de mousse

Deux types de mousse sont commercialisés: l'un est réservé au piquage des fleurs fraîches (1), l'autre aux arrangements de fleurs séchées (2).

Le modèle standard mesure 23 x 11 x 8 cm. Vous pouvez découper au couteau différents blocs adaptés aux dimensions des contenants et conserver les morceaux restants pour d'autres compositions.

Les contenants standard

La diversité des contenants en matière plastique équipés de blocs de mousse taillés sur mesure vous permettra d'effectuer un choix des plus judicieux: contenant rond (3) ou rectangulaire (4), haut (5) ou plat (6), avec de la mousse pour fleurs fraîches (7) ou pour fleurs séchées (8), exactement selon vos besoins.

Les couronnes, les boules et les cônes

Ces couronnes (9) ont été conçues pour les arrangements en forme de couronne. Le bloc de mousse est solidaire d'un support plat en plastique. Vous pourrez ainsi réaliser très simplement des arrangements et des couronnes aussi élaborés que ceux reproduits en illustration.

Les boules standard (10) facilitent la confection d'arrangements suspendus. Le cône en mousse sèche (11) vous permettra de créer de magnifiques compositions en forme d'arbre ou de pyramide.

Le pinholder et l'Oasis-Fix

Ce pinholder (12) peut être fixé au moyen d'Oasis-Fix (13) sur tout type de surface. Il suffit ensuite d'y piquer la mousse. Le pinholder constitue ainsi la base de votre arrangement.

Les rubans

Les rubans sont des accessoires proposés sous forme de ruban gaufré (14) destiné à recouvrir les tiges des fleurs et de ruban adhésif résistant à l'eau (15) destiné entre autres à fixer la

mousse au contenant afin que celle-ci ne glisse pas.

Les pique-fleurs en métal

Cette catégorie de pique-fleurs (16) existe en deux tailles. Réalisés en métal, ils sont généralement suffisamment lourds pour éviter qu'ils ne glissent lorsqu'ils sont posés dans un verre ou sur une coupe. Ils sont également adaptés aux arrangements asymétriques. Ces pique-fleurs peuvent servir plusieurs fois et constituent ainsi un investissement très rentable.

Le mastic floral pour arrangements de fleurs séchées

Ce mastic floral (17) sert à fixer aux contenants ou à des supports de liège la mousse destinée aux arrangements de fleurs séchées.

Les bougeoirs

Les bougeoirs (18) permettent d'intégrer une bougie dans vos arrangements.

Il suffit de piquer le bougeoir dans la mousse à l'endroit prévu pour la bougie.

Le fil de fer floral

Le fil de fer floral (19) est indispensable pour effectuer un véritable travail de professionnel. Il permet de rigidifier et renforcer la tige des fleurs et de leur donner la courbure souhaitée. Il est également utilisé pour fixer des noeuds et autres accessoires aux compositions. Vous pouvez lui donner la forme de cavaliers employés, par exemple, pour fixer la mousse.

Le lustrant

Ce lustrant (20) spécialement développé pour les fleurs et les plantes vertes est exempt de C.F.C. Il confère un meilleur brillant aux feuilles des végétaux.

La paire de ciseaux

Cette paire de ciseaux (21) en métal spécial est adaptée aux divers matériaux utilisés.

Les rubans décoratifs

Ces rubans décoratifs (22) aux coloris les plus harmonieux sont la touche finale des compositions de fleurs fraîches ou séchées. Ils serviront à confectionner des noeuds à boucles régulières ou irrégulières, qui seront ensuite tigés et fixés aux arrangements. N'hésitez pas à conserver les nombreux rubans et noeuds utilisés pour les emballages cadeaux. Ils s'intègreront parfaitement à vos compositions florales.

Les préliminaires

Le plan de travail

Le plan de travail doit être suffisamment spacieux afin d'y loger tous les matériaux, outils et accessoires. Il est recommandé de trier préalablement les fleurs et la verdure par variété et taille afin de travailler avec une plus grande efficacité.
Il est également préférable de pouvoir tourner et observer le travail réalisé sans être dérangé par les autres matériaux.

Les fleurs et la verdure

Couper les tiges des fleurs et les laisser 24 heures dans de l'eau tiède. L'oxygène pouvant entraver la pénétration de l'eau dans les végétaux, on utilisera de préférence de l'eau à température ambiante qui contient moins d'oxygène que l'eau froide.

Les feuilles

Certaines feuilles doivent être tigées avant d'être travaillées.
Comme illustré ci-dessus, plier un fil de fer en deux et le piquer dans la nervure principale de la feuille. Enrouler ensuite l'une des extrémités du fil de fer autour de la tige et autour de la seconde extrémité. C'est ce qu'on appelle »tiger« une feuille.
Le tigeage des feuilles séchées est plus

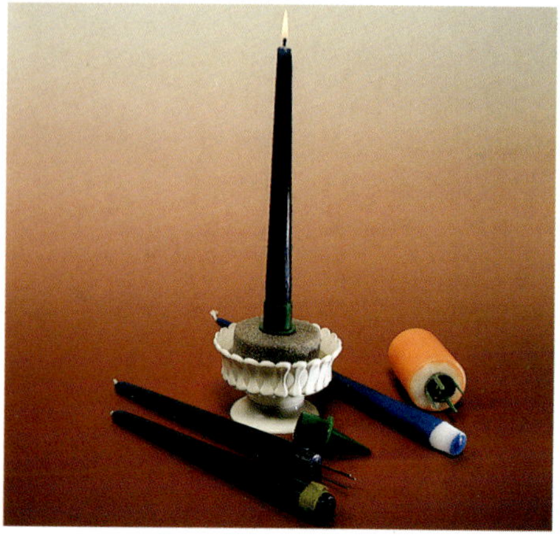

délicat. Il est donc préférable de poser le fil de fer sur la feuille et de le fixer avec une colle thermoadhésive.
Cette technique s'applique à de nombreux autres accessoires.

Les bougies

En règle générale, on travaillera avec des bougies qui sont à température ambiante, les bougies trop froides risquant de se casser plus facilement.
Les bougies sont placées dans le bougeoir qui est ensuite piqué dans le bloc de mousse.
Lorsque le diamètre de la bougie est trop important, il est préférable de réduire la base à l'aide d'un couteau de cuisine.
Les bougies trop fines seront renforcées au moyen d'un ruban floral jusqu'à obtention de l'épaisseur requise.
Le principal avantage des bougeoirs est qu'ils permettent de remplacer les bougies plus facilement.
Une autre possibilité de fixation consiste à piquer dans la base des bougies de courts morceaux de fil de fer préalablement chauffés. On utilisera alors au moins trois fils.
Les bougies de plus gros diamètre peuvent être également fixées à l'aide de fil de fer ou d'un pinholder. Il convient d'enlever avec un couteau la couche de peinture appliquée sur la base de la bougie, d'enduire le pinholder d'Oasis-Fix, de chauffer l'adhésif et de plaquer l'ensemble sur le fond de la bougie en effectuant un mouvement de rotation.

Les boules et autres accessoires

Certaines boules et d'autres accessoires sont déjà équipés de fil de fer. Dans le cas contraire, il suffit de prendre du fil de fer, d'en introduire une partie à l'intérieur de la boule et de le fixer à l'aide du pistolet à colle.

Les noeuds

Le fil de fer sert également à fixer les noeuds à boucles régulières ou irrégulières, comme reproduit sur l'illustration.

La préparation de la mousse pour fleurs fraîches

1. Trempage

Choisir un contenant suffisamment grand. Le remplir d'eau et y déposer la mousse. Ne pas immerger le bloc par la force. La mousse doit se gorger d'eau en l'espace de quelques minutes. La mise en place des fleurs peut commencer dès que le bloc de mousse est imbibé d'eau.

2. Consolidation

Deux solutions sont possibles. Pour les contenants plats (assiette), on utilisera de préférence un pinholder fixé au contenant sec à l'aide d'Oasis-Fix.
A cet effet, rouler l'Oasis-Fix dans la main, en faire une boule et la placer sur le pinholder. Chauffer légèrement l'Oasis-Fix avec un briquet et l'appliquer sur le contenant en effectuant un mouvement de rotation.
De cette manière, l'eau ne risque pas de se loger entre le contenant et l'Oasis-Fix. La fixation du pinholder

n'en est que plus solide. Selon la taille du contenant ou du bloc de mousse, on utilisera le cas échéant deux pinholders.
La seconde solution consiste à fixer ou coller le bloc de mousse au contenant à l'aide du waterprooftape résistant à l'eau.

3. Découpage

Découper le bloc de mousse aux dimensions du contenant.
Veiller à ne pas exercer une pression trop importante sur la mousse. Sinon elle risque de se tasser et de ne plus absorber d'eau.

4. Réserve d'eau

Il est important que le bloc de mousse puisse toujours s'imbiber d'eau. Veiller par conséquent à ce que le contenant ne soit pas complètement rempli par le bloc de mousse et à ce qu'il reste suffisamment de place pour l'eau (pour en rajouter ultérieurement).

Bouquet classique et symétrique de style Biedermeier

5. Mise en place

Dans le cas de contenants à bords plus hauts, il convient de découper la mousse aux dimensions du contenant, de l'y introduire et de la fixer à l'aide de coins préalablement découpés. En règle générale, la mousse doit dépasser du support d'environ 2 à 3 cm.
Pour les contenants de grande taille, on utilisera deux ou trois blocs de mousse juxtaposés.

La préparation de la mousse pour fleurs séchées

La procédure à suivre est identique à celle décrite ci-dessus; la seule différence est que la mousse ne doit pas être imprégnée d'eau. L'avantage des compositions de fleurs séchées réside dans leur meilleure longévité.
Bouquet de style Biedermeier; exemple classique de composition symétrique.

Les bases de la création florale

Symétrie ou asymétrie
On distingue en règle générale les arrangements floraux symétriques et asymétriques. Dans le cas des bouquets symétriques, l'ordonnancement des fleurs est très sévère. L'axe de symétrie correspond exactement au milieu géométrique du bouquet. Les deux moitiés du bouquet sont symétriques par rapport à l'axe central.
Dans le cas des bouquets asymétriques, la disposition est plus libre. Les arrangements asymétriques semblent plus vivants et plus naturels.

Les proportions
La création des bouquets s'effectue généralement selon le principe de la »coupe d'or« où les proportions à respecter sont de 3:5:8. Les proportions définies pour les couronnes sont de 1:1, 6:1. La grosseur de la couronne doit correspondre à 3/4 de son épaisseur. Bouquet asymétrique

Bouquet asymétrique

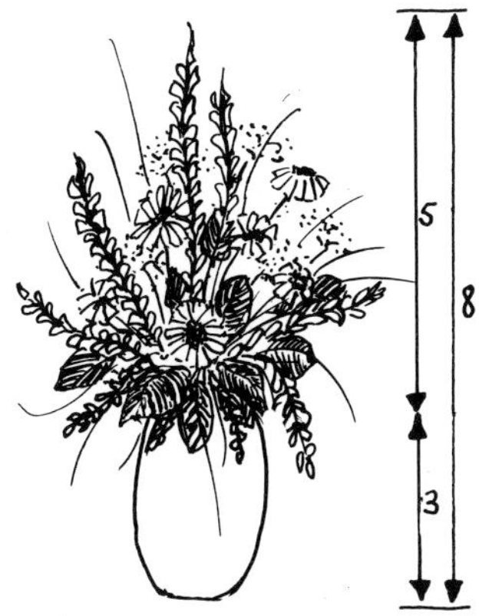

La distribution des couleurs

Souvent, c'est la couleur d'une fleur qui attire le regard en premier. La quantité et la distribution des couleurs sont donc des facteurs essentiels pour l'impression générale d'un bouquet. Pour créer un contraste, on choisira une couleur dominante complétée et accentuée par d'autres teintes. Il est préférable d'utiliser différentes proportions de sorte à éviter tout sentiment de monotonie.

Les mouvements des fleurs

L'équilibre d'un bouquet dépend dans une large mesure du mouvement des fleurs.
On distingue différentes formes de mouvement actives:
- mouvement jaillissant (liatris)
- jaillissant – se déployant de tous côtés (lis)
- jaillissant – se déployant d'un seul côté (freesia)
- jaillissant avec point final prononcé (oeillet)
- tortueux (tortuosa).

Pour les formes passives, on distingue:
- les plantes rampantes (mousses, hélixine)
- les plantes retombantes (lierre).

Les textures

La présence de diverses textures de fleurs et de verdure (aspect lisse et brillant, duveteux, rugueux, léger) permet d'accentuer la particularité d'un bouquet.

Les contrastes et l'harmonie

L'association des couleurs et l'utilisation de fleurs aux formes et structures différentes créent des contrastes. On veillera néanmoins à respecter une certaine harmonie, indépendamment des catégories de fleurs employées.

Printemps

Arrangement de printemps dans une coupe en terre

Végétaux et fournitures: pique-fleurs, coupe plate en terre, fil de fer floral, branches de bouleau, feuilles d'aralia, iris, pierres, gerberas, mousse des bois, feuillage d'aucuba, jacinthes, genêt, lierre, hellébores verts, fougère.

Etape 1
Poser le pique-fleurs dans la coupe. Piquer en premier les branches de bouleau et les deux feuilles d'aralia.

Etape 2
Placer les iris. Les pierres sont disposées sur un côté du pique-fleurs comme élément de décoration. Elles permettent également de consolider le pique-fleurs. Ajouter les gerberas. La mousse et le feuillage d'aucuba sont disposés d'une manière aérée.

Etape 3 Piquer les jacinthes, le genêt, le lierre, les hellébores et la fougère jusqu'à ce que le pique-fleurs soit entièrement recouvert. Ajouter éventuellement quelques petites pierres.

Décoration de table élégante

Végétaux et fournitures: Table déco medi et bloc de mousse mouillable, fil de fer floral, iris, gerberas, fougère, branches de conifères, mousse, trachelium, rosette de Sempervivum, giroflées, tulipes, freesias.

Etape 1

Procéder à la mise à l'eau de la mousse. Piquer dans un premier temps l'iris, la fougère, les gerberas et les branches de conifères comme illustré.

Etape 2

Fixer la mousse à l'aide des cavaliers préalablement confectionnés avec le fil de fer floral.

Etape 3

Ajouter le trachelium et la rosette de Sempervivum.

Etape 4

Piquer les giroflées, les tulipes et les freesias. Veiller à mettre en valeur les éléments de base, comme sur l'illustration.

Décoration de table printanière

Végétaux et fournitures: contenant blanc en céramique, mousse mouillable, feuilles d'aralia, feuilles de galax, ophiopogon, chico, exacum, gerberas, tulipes, trachelium, renoncules, roses, chrysanthèmes, statice, eucalyptus.

Etape 1

Introduire la mousse dans le contenant. La feuille d'aralia, les feuilles de galax, l'ophiopogon, les brins de chico et d'exacum servent d'élément de base de la composition.

Etape 2
Ajouter les gerberas, les tulipes et le trachelium.

Etape 3
Les renoncules, les roses et les fleurs de chrysanthème ouvertes, le statice et l'eucalyptus sont disposés successivement.

Eté

Décoration de vase

Végétaux et fournitures: bloc de mousse mouillable OASIS, ruban adhésif (résistant à l'eau), vase haut, iris, lis longiflorum, freesias, oeillets, chrysanthèmes, genêt, eucalyptus, feuilles de dieffenbachia, feuilles de lierre.

Etape 1

Découper le bloc de mousse en forme de cône, si possible assez long, pour assurer une bonne pénétration de l'eau. Introduire le cône de mousse dans le vase de sorte qu'il dépasse de 5 cm environ au-dessus du bord du contenant. Fixer l'ensemble à l'aide du ruban adhésif. Piquer en premier l'iris et l'eucalyptus.

Etape 2

Ajouter les branches de genêt et les feuilles de dieffenbachia.

Etape 3

Placer les lis longiflorum, les freesias et le lierre comme sur l'illustration.

Etape 4

Piquer les oeillets et les chrysanthèmes. La décoration est terminée.

Pyramide

Végétaux et fournitures: pique-fleurs OASIS, pinholder OASIS, ruban adhésif (résistant à l'eau), support en liège, contenant, oeillets, oeillets mignardises, dendrobium, polyanthas roses, genêt, alstroemère, statice, trachelium, feuille d'aralia, ruskus, eucalyptus, fougère.

Etape 1

Coller le pinholder dans le contenant et y fixer une brique de mousse. Piquer le ruskus et l'eucalyptus. Disposer les oeillets, les oeillets mignardises et le dendrobium comme reproduit sur l'illustration. Recouvrir une partie de la mousse avec la fougère.

Etape 2

Ajouter le trachelium, la feuille d'aralia et les roses polyanthas.

Etape 3

Piquer les branches de genêt, l'alstroemère et le statice dans les espaces libres de sorte à conférer au bouquet une forme pyramidale. Le support en liège sert d'élément de décoration.

Composition florale dans un cache-pot

Végétaux et fournitures: mousse mouillable OASIS, feuilles de bergenia, asparagus, jonc, fruits artificiels, digitale, fritillaires, lotus, marguerites, asparagus Plumosus.

Etape 1

Découper la mousse imprégnée d'eau aux dimensions du contenant et la mettre en place. La mousse doit dépasser du support d'environ 2 cm. Tronquer les arêtes. Le contenant ne doit pas être complètement rempli de sorte à laisser suffisamment de place pour la réserve d'eau.
Piquer en premier les feuilles de bergenia doubles et tigées.

Etape 2

Placer ensuite l'asparagus, le jonc et les cerises tigées. Les parties tigées peuvent être recouvertes de ruban gaufré de sorte à les confondre avec les végétaux. Disposer la digitale, les fritillaires et les lotus.

Etape 3

Puis piquer les marguerites et les brins d'asparagus Plumosus.
Le blanc des marguerites sert de lien entre les fleurs et le contenant.

Automne

Harmonie florale dans un pot en terre cuite

Végétaux et fournitures: brique de mousse mouillable OASIS, pot en terre cuite, hélixine, lis, gerberas, trachelium, roses, oeillets, fougère, beergrass, feuille de caladium, ruskus.

Etape 1

Envelopper l'hélixine dans un film plas-

tique de façon qu'il ne se gorge pas d'eau et le placer dans le pot en terre. Couper environ 1/8 de la brique et le fixer à côté de l'hélixine. La hauteur du bloc de mousse doit être inférieure de 1 cm à celle du contenant. Piquer une partie des gerberas au milieu de la mousse.

Etape 2

Piquer des gerberas sur les côtés, continuer avec le trachelium et la fougère. Disposer le beergrass à côté des gerberas. Terminer la composition avec les roses, les oeillets, la feuille de caladium et le ruskus.

Etape 1

Etape 2

Moisson d'automne

Végétaux et fournitures: brique de mousse mouillable OASIS, pinholder, Oasis-Fix, coupe de forme allongée décorée de motifs de fruits, cyperus, glaïeuls, crête-de-coq, feuilles de cinéraire, roses, mauves, fruits artificiels, dahlias, allium, asparagus Sprengeri, fruits de pavot (éléments verts), genêt, noeud.

Etape 1

Fixer le pinholder dans la coupe avec l'Oasis-Fix, puis placer un bloc de mousse préalablement mouillé sur le pinholder. Dans un premier temps, piquer le cyperus, les glaïeuls, les feuilles de cinéraire et la crête-de-coq. Sur l'un des côtés, placer le noeud en veillant à ce qu'il ne soit pas en contact avec la mousse mouillée.

Etape 2

Piquer les roses, les mauves, les fruits artificiels et les dahlias en se référant à l'illustration. Terminer la composition avec les fleurs de glaïeuls blanches, l'allium, l'asparagus, les fruits de pavot et les branches de genêt. L'illustration montre la disposition et le nombre de fleurs nécessaires pour que la mousse soit totalement invisible.

Hiver

Composition sur support en bouleau

Végétaux et fournitures: brique de mousse pour fleurs séchées OASIS, support en bouleau, pied d'alouette en soie, statice, fougère, fruits de pavot (éléments secs), pommes de pin, protéas, ruban décoratif, fleurs et feuilles de roses en soie, carthamus séché.

Etape 1
Placer la brique de mousse sur un pinholder et fixer le tout sur le support. Disposer le pied d'alouette, le statice et les brins de fougère comme reproduit sur l'illustration.

Etape 2
Décorer avec les fruits de pavots, les pommes de pin, les protéas et le ruban.

Etape 3
Terminer avec les roses en soie et le carthamus séché de sorte que la brique de mousse soit recouverte.

Composition rustique

Végétaux et fournitures: brique de mousse mouillable OASIS, pinholder et Oasis-Fix, contenant plat en métal avec anse (laqué, afin qu'il ne rouille pas), fruits de pavot (éléments verts), raisin blanc artificiel, roses, allium, conifères.

Etape 1

Fixer le pinholder dans le contenant au moyen d'Oasis-Fix et introduire la brique de mousse mouillée et préalablement coupée aux dimensions voulues.

Disposer les branches de conifères à la

verticale et à l'horizontale, comme illustré. Faire dépasser les tiges des branches couchées, ce qui mettra en valeur la ligne de fuite horizontale de l'arrangement.

Etape 2

Disposer les fruits de pavot et les raisins artificiels. Terminer la composition avec les roses et l'allium.

Composition cônique

Végétaux et fournitures: cône de mousse pour fleurs séchées OASIS, support en liège, fil de fer floral, pistolet à colle, statice, baies artificielles, mousse sphagnum, mousse d'Islande, fruits du nigelle, ombellifère, pommes de pin, noeuds.

Etape 1

Au moyen du pistolet à colle, fixer le cône de mousse sur le support en liège. Dans un premier temps, décorer le cône avec le statice et les baies. Recouvrir ensuite entièrement le cône de mousse sphagnum à l'aide de cavaliers.

Etape 2

Disposer harmonieusement les pommes de pin et les noeuds puis décorer avec la mousse d'Islande, les fruits du nigelle et l'ombellifère.

Jour de Fête

Végétaux et fournitures: brique de mousse mouillable OASIS, fil de fer floral, corbeille en osier, film plastique, deux amaryllis en pot, mousse sphagnum, lierre, houx, conifères, sapin bleu, oeillets rouges, pommes de pin, mousse d'Islande.

Etape 1

Placer les deux amaryllis dans la corbeille et remplir l'espace libre avec la brique de mousse mouillée et préalablement coupée aux dimensions voulues. Fixer le mousse sphagnum au moyen de cavaliers fabriqués avec le fil de fer.

Etape 2

Disposer le lierre, les branches de houx, de conifères et de sapin bleu. Les oeillets rouges, le houx et le ruban rouge créent l'harmonie avec les amaryllis.

Etape 3

Quelques petites pommes rouges et pommes de pin tigées et joliment disposées seront de ravissantes décorations de l'Avent.

Décoration de table

Composition de fleures fraîches odorantes

Végétaux et fournitures: brique de mousse mouillable OASIS, pinholder, Oasis-Fix, ruban adhésif floral, coupe blanche, fougères, asparagus Myers, greweler, oeillets, orchidées kangourou, gerberas, roses, chrysanthèmes, pommes de pin, fruits de pavot (éléments secs).

Etape 1
Placer la brique de mousse sur le pinholder puis fixer le tout dans le contenant au moyen d'Oasis-Fix.
Consolider l'ensemble avec du ruban adhésif. Disposer des brins de fougère, l'asparagus et le greweler. Continuer la composition avec les oeillets, les branches de conifères et les orchidées.

Etape 2

Disposer harmonieusement les gerberas, les roses, les fleurs de chrysanthèmes, les pommes de pin et les fruits de pavots comme reproduit sur l'illustration.

Tête-à-tête

Parfaitement discret, cet arrangement est idéal sur la table d'un restaurant ou d'un café. Les fournitures ont été choisies de sorte à pouvoir être réutilisées. Les fleurs durent longtemps et leur prix reste abordable.
Végétaux et fournitures: brique de mousse mouillable OASIS, pique-fleurs, vase en verre, anthurium, salal, roses, feuille de philodendron, statice, renoncule, prêle.

Etape 1

Introduire le pique-fleurs dans le vase, et fixer une brique de mousse mouillable découpée aux bonnes dimensions. Piquer l'anthurium et la branche de salal.

Etape 2

Ajouter les roses, le statice et la renoncule. Plier la tige de prêle et, si nécessaire, soutenir la tige creuse avec du fil de fer avant de la piquer.

Décoration ovale

Végétaux et fournitures: table déco medi OASIS et brique de mousse mouillable (25 x 9 cm), ruban décoratif, chrysanthèmes, roses, ageratum, gypsophile, feuilles de galax, fougère, asparagus Sprengeri.

Etape 1
Piquer les brins de fougère, les feuilles de galax et l'asparagus.

Etape 2
Décorer ensuite avec les chrysanthèmes, les roses, l'ageratum et le gypsophile. La touche finale est apportée par un noeud en ruban tigé et fixé sur l'un des côtés de l'arrangement.

Décoration asymétrique

Végétaux et fournitures: table déco mini OASIS et brique de mousse mouillable, ruban en tulle, gerberas, chrysanthèmes, anthurium vert, ophiopogon, exacum, eucalyptus, mousse, feuilles de galax, aspidistra, feuille d'aralia, bruyère, asparagus Sprengeri.

Etape 1

Découper la brique de mousse mouillable pour obtenir un bloc de 3 à 4 cm d'épaisseur. Disposer les feuilles de galax, la feuille d'aralia, l'aspidistra et l'asparagus comme illustré.

Etape 2

Piquer les gerberas, l'anthurium vert, la bruyère et l'exacum.

Etape 3

Agrémenter la composition avec les roses, les chrysanthèmes, l'eucalyptus, la mousse et l'ophiopogon. Le ruban en tulle joliment drapé sur un côté apporte la petite touche finale.

Bougie décorée

Végétaux et fournitures: coupe junior OASIS et brique de mousse mouillable, bougeoir, bougie, fil de fer floral, large ruban de satin, noeud à boucles régulières, fleurs de chrysanthèmes, roses polyanthas, ophiopogon, statice, exacum, feuilles de galax, eucalyptus.

Etape 1

Fixer la bougie et disposer les feuilles de galax en rond autour du bougeoir. Piquer l'eucalyptus, les fleurs de chrysanthèmes et l'exacum. Veiller à ce que l'arrangement garde une forme arrondie.

Etape 2

Placer les roses polyanthas, le statice et l'ophiopogon. Utiliser le noeud et le ruban de satin pour personnaliser la décoration. Tiger le noeud avant de le piquer à côté de la bougie.

Couronnes suspendues

Couronne pastorale

Végétaux et fournitures: couronne d'osier, brique de mousse pour fleurs séchées OASIS, Oasis-Fix, coquelicots en papier, statice, roses en soie rose, fruits de pavot (éléments secs), tillandsia, amaranthe, lierre artificiel, fougère séchée, noeuds.

Etape 1
Tronquer les coins du bloc de mousse et le coller sur la couronne d'osier. Dans un premier temps, disposer le lierre, la fougère et les coquelicots.

Etape 2
Piquer ensuite le statice, les feuilles en soie et les noeuds, puis disposer harmonieusement les fruits de pavot.

Etape 3
Terminer avec l'amaranthe, le tillandsia et les roses en soie.

Couronne décorative

Végétaux et fournitures: couronne en mousse pour fleurs séchées OASIS, raphia, lagurus, fruits de nigelle teintés, statice, branches avec des pommes de pin, fruits du mélèze.

Etape 1
Décorer la couronne avec la bande de raphia, puis faire un joli noeud et une attache qui permettront de l'accrocher au mur. Piquer le lagurus.

Etape 2
Placer les fruits du nigelle, le statice, les branches de pommes de pin et les fruits du mélèze comme illustré.

Couronne de fleurs en soie

Fournitures couronne pour fleurs séchées OASIS, feuilles de galax, kaustus, dahlias blancs en soie, roses en soie, petits miroirs en forme de coeur et ruban décoratif.

Etape 1

Sur la couronne, fixer les feuilles de galax, le kaustus, et les dahlias en soie comme reproduit sur l'illustration.

Etape 2

Terminer avec les roses en soie, les miroirs et le ruban rouge.

Corbeilles de fleurs

Corbeille printanière

Végétaux et fournitures: brique de mousse mouillable OASIS, corbeille d'osier à anse, film plastique, nids d'oiseaux, branches en forme de fourches, feuille de mahonia, freesias, roses, solidaster.

Etape 1

Tapisser la corbeille avec le film plastique. Découper la brique de mousse aux dimensions de la corbeille de sorte qu'il dépasse du bord de 1 à 2 cm; le mettre en place. Veiller à ménager un espace suffisant pour la réserve d'eau.

Etape 2

Coller les nids sur les branches au pistolet à colle, puis piquer les branches dans la brique de mousse. Ajouter la feuille de mahonia.

Etape 3

Décorer avec les freesias, les roses et le solidaster comme reproduit sur l'illustration.

Jardin d'été

Végétaux et fournitures: brique de mousse mouillable OASIS, corbeille d'osier, film plastique épais, freesias, genêt, jacinthes roses et jaunes, mimosa, oeillets mignardises, hellébores verts, fougère, eucalyptus, jeunes rameaux de bouleau, renoncules.

Etape 1

Tapisser la corbeille avec le film plastique. Découper la brique de mousse et la fixer dans la corbeille. Sa hauteur doit être inférieure de 1 cm à celle de la corbeille.

Etape 2

Piquer l'eucalyptus, la fougère et les jeunes rameaux de bouleau. Continuer avec les freesias, les brins de genêt, le mimosa et les jacinthes roses. Terminer la composition avec les oeillets mignardises, les renoncules, les jacinthes jaunes et les hellébores verts.

Corbeille de fruits d'été

Végétaux et fournitures: brique de mousse mouillable OASIS, ruban adhésif floral, fil de fer floral, petite corbeille, roses, lis, renoncules, oeillets du poète, myosotis, romarin, lierre, laurier, fougère, fruits et feuilles de fraisier, ruban en papier.

Etape 1

Mouiller la brique de mousse, la découper aux dimensions de la corbeille et fixer le tout au moyen du ruban adhésif résistant à l'eau. Piquer le lierre, le laurier et les brins de fougère.

Etape 2

Poursuivre la composition avec les roses, le romarin, le lis et le ruban, que l'on fixe directement sur l'anse avec les renoncules, les oeillets du poète et le myosotis.

Etape 3

Pour terminer, piquer les fraises et les feuilles de fraisier tigées dans la composition.

Petite corbeille fleurie

Végétaux et fournitures: brique de mousse mouillable OASIS, ruban adhésif floral, ruban décoratif, coupe blanche, corbeille à anse, polyanthas roses, statice, alstroemère, renoncules, trachelium, oeillets, giroflées, genêt, liatris, ruskus, fougère, lierre, mousse d'Islande.
Piquer les liatris, le ruskus et les brins de fougère. Garder les tiges qui seront ensuite intégrées à la composition.
Ajouter le genêt, les feuilles de lierre tigées, les polyanthas roses, l'alstroemère, le statice, les renoncules, le trachelium et les giroflées.
Fixer la mousse d'Islande à l'aide de cavaliers pour recouvrir le bloc de mousse. Terminer avec un noeud en ruban tigé, piqué au milieu de la composition.